내
인생
내
이야기

# 내 인생 내 이야기

## 100년의 기록으로
## 나만의 자서전 만들기

펴 낸 날  2015년 11월 27일

지 은 이   고명성
펴 낸 이   최지숙
편집주간   이기성
편집팀장   이윤숙
기획편집   주민경, 윤은지, 박경진, 윤일란
표지디자인  주민경
책임마케팅  윤은지
펴 낸 곳   도서출판 생각나눔
출판등록   제 2008-000008호
주    소   서울 마포구 동교로 18길 41, 한경빌딩 2층
전    화   02-325-5100
팩    스   02-325-5101
홈페이지   www.생각나눔.kr
이 메 일   webmaster@think-book.com

• 책값은 표지 뒷면에 표기되어 있습니다.
  ISBN 978-89-6489-532-0  03190

• 이 도서의 국립중앙도서관 출판 시 도서목록(CIP)은 서지정보유통지원시스템 홈페이지
  (http://seoji.nl.go.kr)와 국가자료공동목록시스템(http://www.nl.go.kr/kolisnet)에서
  이용하실 수 있습니다(CIP제어번호: CIP2015029781).

내
인생
내
이야기

100년의 기록으로
나만의 자서전 만들기

주인공: _____ 님

# 내 인생 내 이야기

100년의 기록으로 나만의 자서전 만들기

　대개의 자서전은 성공한 사람이나 쓰는 것으로 인식되어 있지만, 지은이는 이 기록을 통해 누구라도 자신만의 자서전을 만들 수 있다는 것을 보여주고 싶었다. 꿈 많았던 어린 시절이 흔적도 없이 다 지나가고 '내게 꿈이란 게 있었나?' 싶은 요즈음에 와서 내 모습을 보니 '인생 뭐 있어? 이렇게 살다 가는 거지.'라고 체념하고 사는 듯싶다. 그렇지만 이대로 나를 놓아 버리기엔 뭔가 아쉬운 마음이 든다. 아쉬운 마음을 가다듬고 이번 기회에『내 인생 내 이야기-100년의 기록으로 나만의 자서전』을 만들어 본다.

　평범한 사람들의 평범한 인생 이야기…. 내 인생의 소소한 기록으로 어느 성공한 사람의 자서전보다 더 소중한 나만의 자서전을 만들어 보자는 것이다. '평범한 나는 그동안 어떻게 살았고, 앞으론 어떻게 살아갈 것인가?'에 대하여 나 스스로 과거를 기록하고 미래를 만들어 가는 것이다. 예를 들어, 현재 내 나이가 30세라면 지나간 30년간의 과거를 기록한다. 1년간의 세상 및 가정에서 생겼던 큰일과 내 인생 이야기(옅은 색깔의 키워드 참조)를 '10페이지'부터 두 페이지의 기록지에 요약, 정리하고 필요하면 사진, 그림 등을 첨부할 수 있다. 나머지 30세 이후의 인생은 예측할 수 있는 대로 예상치를 기록해 보고 살아가면서 자신의 예상치와 결과치를 비교해

보는 것이다. 나 자신이 직접 나의 과거를 기록해 보고 부끄럽지 않은 인생이 되기 위해 나만의 미래를 설계해 보자는 것이다.

나의 미래를 상상해 보고 꿈과 희망을 품으며, 100세 시대에 맞추어 남은 인생 계획을 세우다 보면, 아직도 남은 인생이 많다는 것을 알면서 더욱 열심히 살아야겠다는 생각을 하게 될 것이다. 먼 훗날 멋진 자서전을 쓰게 되는 날이 올 경우에 자료 준비 차원에서라도 본 자서전을 직접 만들어 보기 바란다.

우리 모두 미래에 대한 꿈과 희망을 가져 보자. 뭔가를 이루고 싶다면 적절한 목표를 세우고 그에 따른 실천방안을 정하여 꾸준히 노력하여야 할 것이다. 일반적으로 회사나 정부 등의 조직들은 목표달성 계획표를 연초 및 월초 기준으로 미리 계획을 세워서 계획대로 진행해 가지만, 일반인들은 현실적으로 그것이 쉽게 되지 않는다. 많은 사람들은 끈기가 부족하여 좋은 목표를 설정하고도 작심삼일로 목표를 이루지 못하는 경우가 많다. 그런 탓인지 각종 학원이나 체육관 등에는 연초 및 월초에 손님이 가장 많다고 한다. 그러므로 개인으로서 목표를 달성하려면 작심한 그날부터 바로 계획표를 작성하고 실천을 시작하여야 한다. 목표를 이루어 나가기 위해

서 작심한 첫날부터 계획표를 작성해 하루하루 실천하면서 기록표를 작성해 나간다면 목표달성 가능성이 훨씬 더 높아질 것이다. 그래서 작심 당일부터 실행이 가능한 '11일 목표달성 기록표(p.231)', '33일 목표달성 기록표(p.233)'가 필요하다. 끈기가 부족한 사람들은 초기에 11일 계획표로 작심삼일을 극복해 보자. 10일이나 30일 계획표처럼 일정을 마치는 계획표가 아니라 계속 이어지는 목표달성 기록표를 작성하여 실천해 보자는 것이다. 그러면 100일차에 목표달성 계획이 끝나는 것이 아니라 99일을 실행하고 나서 다시 '33일 목표달성 기록표'를 기록하기 위해 노력하는 나의 모습을 볼 수 있을 것이다. 이 정도 내공이 쌓이면 '연간 목표달성 기록표(p.237)'도 필요하게 될 것이다.

자신의 능력보다 목표가 클수록 목표달성을 위한 실행기간은 길어질 것이다. 자신에게 적절한 목표를 세우고, 적절한 실행 계획표를 작성하고, 이를 계획표대로 실행해 나간다면 평범한 보통 사람들도 충분히 나름의 목표를 이루어 나가면서 더 큰 삶의 기쁨을 누리며 살아갈 것이다. 나의 미래는 어떻게 될 것인지 구체적으로 계획을 세워 보자. 대부분의 목표는 작심삼일로는 이루어지지 않는다.

목표를 이루고 나면 10년마다 '나의 성공이야기'를 만들어 보자. '성공이야기'란 대단한 사람들이 이룩한 업적을 기록하는 것만이 아니다. 평범한 사람들도 자신이 설정했던 목표를 이룬 후에 나름대로 느끼는 감동과 기분을 자신만의 비망록처럼 기록하면 되는 것이다. 자신의 성공이야기가 많다면 나중에 작성할 멋진 자서전의 자료가 많아지게 된다는 것이다.

10년마다 자신의 '건강기록부'를 작성하여 기록으로 남겨 보자. 흔히들 건강할 때는 돈 버느라 젊음을 보내고, 나이 들면 벌어놓은 돈으로 병치레하면서 인생을 마감한다는 말도 있다. 지속적인 건강기록부 관리를 통해 건강할 때 건강을 지키며 현명하게 살아야 할 것이다. 가족의 건강상태 중 특이사항을 기록하면 가족력 관련된 질병을 예측할 수 있기도 하다.

'나의 재산목록(p.239)'을 지적재산과 물적재산으로 나누어 목록을 만들어 보자. 나의 미래 재산목록을 작성하고, 그것을 얻기 위한 목표를 설정하고 계획표를 작성하여 도전해 보자. 재산이 많다는 것은 그만큼 열심히 살았다는 증거일 것이다. 갖고 싶은 재산이 있는데 현재 그 재산이 없다면 과거의 삶을 되돌아보고 앞으로의 삶을 계획해 볼 기회로 삼아야 할 것이다.

'당면 문제 해결방안 진행상황 기록표(p.235)'는 문제 해결 도구이기도 하다. 살다 보면 해결이 잘 안 되는 곤란한 문제에 직면하는 경우가 있다. 그러한 경우 이 표를 잘 활용하면 좋은 해결책을 찾아낼 수 있다. 직장생활에서나 개인 생활에서 자신이 현재 부닥친 당면 문제를 기술한 후 그에 따른 원인, 해결방안과 진행상황 등을 자세히 기술하다 보면 의외로 좋은 해결책이 나오는 경우가 있다. 곤란에 처한 경우에 꼭 활용해 보기 바란다.

언젠가 내 인생을 마무리하는 날 "내 인생 보람 있고 아름다웠다. 후손들아, 잘살아주기 바란다." 이러한 마지막 말을 남기고 세상을 떠날 수 있기를 바라는 마음으로 본 자서전을 만들어 보자.

"내 인생 내 이야기 – 100년의 기록으로 나만의 자서전 만들기"
## 주인공은 바로 당신입니다.

**1세**

한 살,　　　　　년

세상사 _____

가정사 _____

_____

출　생　　　　년　월　일. _____

장　소 _____

가　족 _____

몸무게 _____

특　징 _____

_____

_____

_____

_____

_____

_____

_____

_____

두 살,　　　　　년

세상사

가정사

돌잔치　　　　　년　　월　　일.

건 강　　몸무게:　　　　키:

특 징

**3세**

세 살,　　　　　년

세상사

가정사

건 강　몸무게:　　　　키:

특 징

## 4세

네 살,　　　　　　년　　　　

세상사
_____

가정사
_____

_____

어린이집
_____

건　강　　몸무게:　　　　　키:
_____

특　징
_____

_____

_____

_____

_____

_____

_____

_____

_____

_____

_____

_____

## 5세

다섯 살,　　　　　년

세상사

가정사

가　족

건　강　　몸무게:　　　　키:

특　징

## 6세

여섯 살,           년

세상사

가정사


유치원

건 강     몸무게:            키:

특 징

선 물

**7세**

일곱 살,　　　　　년

세상사

가정사

건 강　몸무게:　　　　키:

특 징

## 8세

여덟 살,          년

세상사

가정사

초등학교

건 강    몸무게:          키:

특 징

선 물

## 9세

아홉 살,　　　　　년

세상사

가정사

건　강　몸무게:　　　　키:

특　징

# 10세

열 살,　　　　년

세상사

가정사

가　족

건　강　　몸무게:　　　　키:

특　징

친　구

성　격

## 10세 건강기록부

| | |
|---|---|
| 키 | |
| 몸무게 | |
| 시력 | 좌:          우: |
| | |
| 특이사항 | |
| 신체특징 | |
| 가족건강 | |
| | |

## 어린 시절 나에게 영향을 많이 주신 분들

# 어린 시절 나의 추억이야기

| | |
|---|---|
| 누가<br><br>언제<br><br>어디서<br><br>무엇을<br><br>어떻게<br><br>왜 | |

**11세**

열한 살,　　　　　　년

세상사

가정사

건　강　　몸무게:　　　　　키:

특　징

친　구

선　물

식　성

운　동

열두 살,　　　　　년

세상사 _____

가정사 _____

_____

건　강　몸무게:　　　　키: _____

특　징 _____

친　구 _____

선　물 _____

식　성 _____

운　동 _____

_____

_____

_____

_____

_____

_____

_____

_____

## 13세

열세 살,　　　　　년

세상사

가정사

건　강　　몸무게:　.　　키:

특　징

친　구

식　성

운　동

## 14세

열네 살,　　　　　년

세상사

가정사

중학교

건　강　　몸무게:　　　　키:

특　징

친　구

식　성

운　동

성　격

선　물

열다섯 살(志學),          년

세상사

가정사


건 강

특 징

친 구

식 성

운 동

16세

열여섯 살,                    년

세상사

가정사


건 강

특 징

친 구

식 성

운 동

**17세**

열일곱 살,　　　　　년

세상사

가정사

고등학교

건　강

특　징

친　구

식　성

운　동

성　격

선　물

열여덟 살,　　　　년

세상사

가정사


건　강

특　징

친　구

운　동

열아홉 살,　　　　　년

세상사

가정사

건　강

특　징

친　구

운　동

**20세**

스무 살(弱冠, 芳年),　　　　　년

세상사

가정사


대학교

가 족

건 강

특 징

친 구

운 동

종 교

장단점

성 격

여 행

취 미

선 물

## 20세 건강기록부

| | |
|---|---|
| 키 | |
| 몸무게 | |
| 시력 | 좌:          우: |
| | |
| | |
| 특이사항 | |
| 신체특징 | |
| 가족건강 | |
| | |

청소년 시절 나에게 영향을 많이 주신 분들

# 청소년 시절 나의 추억 이야기

| | |
|---|---|
| 누가<br>언제<br>어디서<br>무엇을<br>어떻게<br>왜 | |
| | |

스물한 살, 　　　　　년 　　　　　

세상사

가정사

건　강

특　징

친　구

운　동

취　미

장단점

스물두 살,　　　　　　년

세상사

가정사

건　강

특　징

친　구

운　동

취　미

장단점

## 23세

스물세 살,           년

세상사

가정사

건 강

특 징

친 구

운 동

취 미

장단점

24세

스물네 살,　　　　　년

세상사

가정사

건　강

특　징

친　구

운　동

취　미

장단점

스물다섯 살,              년

세상사 _____

가정사 _____

_____

건 강 _____

특 징 _____

친 구 _____

운 동 _____

취 미 _____

장단점 _____

_____

_____

_____

_____

_____

_____

_____

_____

_____

스물여섯 살,           년

세상사

가정사

건 강

특 징

친 구

운 동

취 미

장단점

스물일곱 살,　　　　　년

세상사

가정사

건 강

특 징

친 구

운 동

취 미

장단점

## 28세

스물여덟 살,　　　　년

세상사

가정사

건　강

특　징

친　구

운　동

취　미

장단점

스물아홉 살,　　　　년

세상사

가정사

건　강

특　징

친　구

운　동

취　미

장단점

서른 살(立志),          년

세상사 _____

가정사 _____

_____

가　족 _____

건　강 _____

특　징 _____

친　구 _____

운　동 _____

종　교 _____

장단점 _____

성　격 _____

여　행 _____

취　미 _____

선　물 _____

재　산　　지적재산, 물적재산, 미래재산.

_____

_____

_____

# 30세 건강기록부

| 키 | |
|---|---|
| 몸무게 | |
| 시력 | |
| 청력 | |
| 혈압 | |
| 특이사항 | |
| 신체특징 | |
| 가족건강 | |
| | |

## 청년 시절 나에게 영향을 많이 주신 분들

## 청년 시절 나의 성공이야기

| | |
|---|---|
| 누가 | |
| 언제 | |
| 어디서 | |
| 무엇을 | |
| 어떻게 | |
| 왜 | |

서른한 살,                년

세상사

가정사


건 강

특 징

친 구

운 동

취 미

장단점

서른두 살,　　　　　년

세상사

가정사

건　강

특　징

친　구

운　동

취　미

장단점

## 33세

서른세 살,　　　　년

세상사

가정사

건　강

특　징

친　구

운　동

취　미

장단점

**34세**

서른네 살, ___ 년

세상사 ___

가정사 ___

___

건  강 ___

특  징 ___

친  구 ___

운  동 ___

취  미 ___

장단점 ___

서른다섯 살,　　　　　년

세상사

가정사

건　강

특　징

친　구

운　동

취　미

장단점

서른여섯 살,　　　　년

세상사

가정사

건　강

특　징

친　구

운　동

취　미

장단점

서른일곱 살,　　　　　　년

세상사

가정사

건　강

특　징

친　구

운　동

취　미

장단점

**38세**

서른여덟 살,　　　　년

세상사

가정사

건　강

특　징

친　구

운　동

취　미

장단점

**39세**

서른아홉 살,　　　　　년

세상사

가정사

건　강

특　징

친　구

운　동

취　미

장단점

## 40세

마흔 살(不惑),        년

| | |
|---|---|
| 세상사 | |
| 가정사 | |
| | |
| 가　족 | |
| 건　강 | |
| 특　징 | |
| 친　구 | |
| 운　동 | |
| 종　교 | |
| 장단점 | |
| 성　격 | |
| 여　행 | |
| 취　미 | |
| 선　물 | |
| 재　산 | 지적재산, 물적재산, 미래재산. |
| | |
| | |
| | |

# 40세 건강기록부

| | |
|---|---|
| 키 | |
| 몸무게 | |
| 시력 | |
| 청력 | |
| 혈압 | |
| 특이사항 | |
| 신체특징 | |
| 가족건강 | |
| | |

장년 시절 나에게 영향을 많이 주신 분들

# 나의 성공이야기

| | |
|---|---|
| 누가 | |
| 언제 | |
| 어디서 | |
| 무엇을 | |
| 어떻게 | |
| 왜 | |

41세

마흔한 살,　　　　　　년

세상사

가정사

건　강

특　징

친　구

운　동

취　미

장단점

## 42세

마흔두 살,          년

세상사

가정사

건 강

특 징

친 구

운 동

취 미

장단점

**43세**

마흔세 살,　　　　년

세상사

가정사

건　강

특　징

친　구

운　동

취　미

장단점

**44세**

마흔네 살,          년

세상사

가정사

건 강

특 징

친 구

운 동

취 미

장단점

**45세**

마흔다섯 살,　　　　　년

세상사

가정사

건　강

특　징

친　구

운　동

취　미

장단점

## 46세

마흔여섯 살,        년

세상사

가정사

건 강

특 징

친 구

운 동

취 미

장단점

**47세**

마흔일곱 살,　　　　　년

세상사

가정사

건　강

특　징

친　구

운　동

취　미

장단점

48세

마흔여덟 살,　　　　　년

세상사

가정사

건　강

특　징

친　구

운　동

취　미

장단점

49세

마흔아홉 살,          년

세상사

가정사

건 강

특 징

친 구

운 동

취 미

장단점

쉰 살(知天命),　　　　　　년

세상사

가정사

가　족

건　강

특　징

친　구

운　동

종　교

장단점

성　격

여　행

취　미

선　물

재　산　　지적재산, 물적재산, 미래재산.

## 50세 건강기록부

| 키 | |
|---|---|
| 몸무게 | |
| 시력 | |
| 청력 | |
| 혈압 | |
| 특이사항 | |
| 신체특징 | |
| 가족건강 | |
| | |

중년 시절 나에게 영향을 많이 주신 분들

## 나의 성공이야기

|  | |
|---|---|
| 누가<br><br>언제<br><br>어디서<br><br>무엇을<br><br>어떻게<br><br>왜 | |
| | |

51세

쉰한 살,           년

세상사

가정사


건 강

특 징

친 구

운 동

취 미

장단점

여 행

잘 함

아쉬움

쉰두 살,　　　　년

세상사

가정사


건　강

특　징

친　구

운　동

취　미

장단점

**53세**

쉰세 살,　　　　　년

세상사

가정사

건　강

특　징

친　구

운　동

취　미

장단점

여　행

잘　함

아쉬움

쉰네 살,　　　　　년

세상사

가정사


건 강

특 징

친 구

운 동

취 미

장단점

# 55세

## 쉰다섯 살,　　　　년

세상사

가정사

건　강

특　징

친　구

운　동

취　미

장단점

여　행

잘　함

아쉬움

**56세**

쉰여섯 살,　　　　　년

세상사

가정사

건　강

특　징

친　구

운　동

취　미

장단점

쉰일곱 살,　　　년

세상사

가정사

건　강

특　징

친　구

운　동

취　미

장단점

여　행

잘　함

아쉬움

58세

쉰여덟 살,          년

세상사

가정사

건 강

특 징

친 구

운 동

취 미

장단점

134

쉰아홉 살,　　　　　년

세상사

가정사

건　강

특　징

친　구

운　동

취　미

장단점

여　행

잘　함

아쉬움

## 60세

예순 살(耳順, 六旬), 　　　　　년

| | |
|---|---|
| 세상사 | |
| 가정사 | |
| | |
| 가　족 | |
| 건　강 | |
| 특　징 | |
| 친　구 | |
| 운　동 | |
| 종　교 | |
| 장단점 | |
| 성　격 | |
| 여　행 | |
| 취　미 | |
| 재　산 | 지적재산, 물적재산. |
| 잘　함 | |
| 아쉬움 | |

## 60세 건강기록부

| | |
|---|---|
| 키 | |
| 몸무게 | |
| 시력 | |
| 청력 | |
| 혈압 | |
| 특이사항 | |
| 신체특징 | |
| 가족건강 | |
| | |

## 기억에 남기고 싶은 분들

# 나의 성공이야기

| | |
|---|---|
| 누가 | |
| 언제 | |
| 어디서 | |
| 무엇을 | |
| 어떻게 | |
| 왜 | |

**61세**

예순한 살(還甲, 回甲),              년

세상사

가정사

건 강

특 징

친 구

운 동

취 미

장단점

여 행

잘 함

아쉬움

142

예순두 살(進甲),                  년

세상사

가정사


건 강

특 징

친 구

운 동

취 미

장단점

**63세**

예순세 살,　　　　　년

세상사

가정사

건　강

특　징

친　구

운　동

취　미

장단점

여　행

잘　함

아쉬움

64세

예순네 살,　　　　　　년

세상사

가정사

건　강

특　징

친　구

운　동

취　미

장단점

예순다섯 살,　　　　　　 년

세상사

가정사


건　강

특　징

친　구

운　동

취　미

장단점

여　행

잘　함

아쉬움

예순여섯 살,　　　　년

세상사

가정사

건　강

특　징

친　구

운　동

취　미

장단점

67세

예순일곱 살, 　　　 년

세상사

가정사

건　강

특　징

친　구

운　동

취　미

장단점

여　행

잘　함

아쉬움

**68세**

예순여덟 살,           년

세상사

가정사


건 강

특 징

친 구

운 동

취 미

장단점

**69세**

예순아홉 살,　　　　년

세상사

가정사

건　강

특　징

친　구

운　동

취　미

장단점

여　행

잘　함

아쉬움

일흔 살(七旬, 古稀),　　　　　　년

세상사

가정사


가　족

건　강

특　징

친　구

운　동

종　교

장단점

성　격

여　행

취　미

재　산

잘　함

아쉬움

## 70세 건강기록부

| | |
|---|---|
| 키 | |
| 몸무게 | |
| 시력 | |
| 청력 | |
| 혈압 | |
| 특이사항 | |
| 신체특징 | |
| 가족건강 | |
| | |

## 기억에 남기고 싶은 사람들

# 나의 성공이야기

|  |  |
|---|---|
| 누가 | |
| 언제 | |
| 어디서 | |
| 무엇을 | |
| 어떻게 | |
| 왜 | |

**71세**

일흔한 살　　　　년

세상사

가정사

건　강

특　징

친　구

운　동

취　미

장단점

여　행

잘　함

아쉬움

일흔두 살,　　　　　년

세상사

가정사

건　강

특　징

친　구

운　동

취　미

장단점

# 73세

일흔세 살,　　　　년

세상사

가정사

건 강

특 징

친 구

운 동

취 미

장단점

여 행

잘 함

아쉬움

일흔네 살,        년

세상사

가정사

건 강

특 징

친 구

운 동

취 미

장단점

**75세**

일흔다섯 살,　　　　년

세상사

가정사

건 강

특 징

친 구

운 동

취 미

장단점

여 행

잘 함

아쉬움

세상사
_____

가정사
_____

_____

건　강
_____

특　징
_____

친　구
_____

운　동
_____

취　미
_____

장단점
_____

_____

_____

_____

_____

_____

_____

_____

_____

_____

**77세**

일흔일곱 살(喜壽),　　　　　년

세상사

가정사


건　강

특　징

친　구

운　동

취　미

장단점

여　행

잘　함

아쉬움

**78세**

일흔여덟 살,         년

세상사

가정사

건 강

특 징

친 구

운 동

취 미

장단점

일흔아홉 살,　　　　　년

세상사

가정사

건　강

특　징

친　구

운　동

취　미

장단점

여　행

잘　함

아쉬움

**80세**

여든 살(八旬),          년

| | |
|---|---|
| 세상사 | |
| 가정사 | |
| | |
| 가 족 | |
| 건 강 | |
| 특 징 | |
| 친 구 | |
| 운 동 | |
| 종 교 | |
| 장단점 | |
| 성 격 | |
| 여 행 | |
| 취 미 | |
| 재 산 | |
| 잘 함 | |
| 아쉬움 | |
| | |
| | |
| | |

## 80세 건강기록부

| | |
|---|---|
| 키 | |
| 몸무게 | |
| 시력 | |
| 청력 | |
| 혈압 | |
| 특이사항 | |
| 신체특징 | |
| 가족건강 | |
| | |

기억에 남기고 싶은 사람들

## 나의 성공이야기

| | |
|---|---|
| 누가 | |
| 언제 | |
| 어디서 | |
| 무엇을 | |
| 어떻게 | |
| 왜 | |

여든한 살          년

세상사

가정사

건 강

특 징

친 구

운 동

취 미

장단점

여 행

잘 함

아쉬움

여든두 살,　　　　　년

세상사

가정사

건　강

특　징

친　구

운　동

취　미

장단점

여든세 살,          년

세상사

가정사


건  강

특  징

친  구

운  동

취  미

장단점

여  행

잘  함

아쉬움

여든네 살,　　　　　년

세상사

가정사

건　강

특　징

친　구

운　동

취　미

장단점

여든다섯 살,          년

| 세상사 | |
| --- | --- |
| 가정사 | |
| | |
| 건 강 | |
| 특 징 | |
| 친 구 | |
| 운 동 | |
| 취 미 | |
| 장단점 | |
| 여 행 | |
| 잘 함 | |
| 아쉬움 | |

86세

여든여섯 살,           년

세상사

가정사

건 강

특 징

친 구

운 동

취 미

장단점

여든일곱 살,              년

세상사

가정사

건 강

특 징

친 구

운 동

취 미

장단점

여 행

잘 함

아쉬움

여든여덟 살,            년

세상사

가정사

건 강

특 징

친 구

운 동

취 미

장단점

여든아홉 살,          년

세상사

가정사


건 강

특 징

친 구

운 동

취 미

장단점

여 행

잘 함

아쉬움

**90세**

아흔 살(卒壽),　　　　　년

세상사

가정사

가　족

건　강

특　징

친　구

운　동

종　교

장단점

성　격

여　행

취　미

재　산

잘　함

아쉬움

204

## 90세 건강기록부

| 키 | |
|------|------|
| 몸무게 | |
| 시력 | |
| 청력 | |
| 혈압 | |
| 특이사항 | |
| 신체특징 | |
| 가족건강 | |
| | |

## 기억에 남는 사람들

# 나의 성공이야기

| | |
|---|---|
| 누가 | |
| 언제 | |
| 어디서 | |
| 무엇을 | |
| 어떻게 | |
| 왜 | |

## 91세

아흔한 살(望百),　　　　　년

세상사

가정사

건　강

특　징

친　구

운　동

취　미

장단점

잘　함

아쉬움

## 92세

아흔두 살,             년

세상사

가정사

건 강

특 징

친 구

운 동

취 미

장단점

## 93세

아흔세 살,             년

세상사

가정사


건 강

특 징

친 구

운 동

취 미

장단점

잘 함

아쉬움

94세

아흔네 살,　　　년

세상사

가정사

건　강

특　징

친　구

운　동

취　미

장단점

**95세**

아흔다섯 살,　　　　년

세상사

가정사

건　강

특　징

친　구

운　동

취　미

장단점

잘　함

아쉬움

**96세**

아흔여섯 살,            년

세상사

가정사

건 강

특 징

친 구

운 동

취 미

장단점

## 97세

아흔일곱 살,            년

세상사

가정사


건 강

특 징

친 구

운 동

취 미

장단점

잘 함

아쉬움

98세

아흔여덟 살,        년

세상사

가정사

건 강

특 징

친 구

운 동

취 미

장단점

아흔아홉 살(白壽),          년

세상사

가정사

건 강

특 징

친 구

운 동

취 미

장단점

잘 함

아쉬움

100세

백 살(上壽),　　　　　년

세상사

가정사

가　족

건　강

특　징

친　구

운　동

종　교

장단점

성　격

여　행

취　미

재　산

잘　함

아쉬움

## 100세 건강기록부

| | |
|---|---|
| 키 | |
| 몸무게 | |
| 시력 | |
| 청력 | |
| 혈압 | |
| 특이사항 | |
| 신체특징 | |
| 가족건강 | |
| | |

기억에 남는 사람

내 인생 보람 있고 아름다웠다.

후손들아, 잘살아주기 바란다.

# 나의 성공이야기

누가

언제

어디서

무엇을

어떻게

왜

설정한 목표를 적어요.

**목표:** 다이어트(일주일에 줄이기~ 단위:    kg)

## 11일 목표달성 기록표

| 일 수 | 1 | 2 | 3 | 4 | 5 | 6 | 7 | 8 | 9 | 10 | 11 |
|---|---|---|---|---|---|---|---|---|---|---|---|
| 11 월 10 일~ | 10 일 | 11 일 | 12 일 | 13 일 | 14 일 | 15 일 | 16 일 | 17 일 | 18 일 | 19 일 | 20 일 |
| 야식 안 먹기 | ○ | ○ | ○ | ○ | × | ○ | ○ | | | | |
| 엘리베이터 금지 | ○ | ○ | ○ | ○ | ○ | × | ○ | | | | |
| 간식 안 먹기 | ○ | ○ | × | ○ | ○ | × | ○ | | | | |
| 물 2L 마시기 | ○ | ○ | ○ | ○ | ○ | ○ | ○ | | | | |
| 식사량 줄이기 | ○ | ○ | ○ | ○ | × | ○ | ○ | | | | |

목표 시작 일을 적어요.

목표한 마지막 날이에요.

목표를 달성하기 위한 실천 항목들이에요.

실천항목을 했으면 ○, 안 했으면 X로 솔직하게 기록해보아요.

# 11일 목표달성 기록표

목표:

| 일수 | 1 | 2 | 3 | 4 | 5 | 6 | 7 | 8 | 9 | 10 | 11 |
| 월 일 | 일 | 일 | 일 | 일 | 일 | 일 | 일 | 일 | 일 | 일 | 일 |
| --- | --- | --- | --- | --- | --- | --- | --- | --- | --- | --- | --- |
| | | | | | | | | | | | |
| | | | | | | | | | | | |
| | | | | | | | | | | | |
| | | | | | | | | | | | |
| | | | | | | | | | | | |
| | | | | | | | | | | | |

## 33일 목표달성 기록표

**목표:** 영어 단수 향상(목표: 700점)

설정한 목표를 적어요.

목표는 마지막 날이에요.

실천항목을 했으면 ○, 안 했으면 X로 솔직하게 기록해보아요.

목표 시작 일을 적어요.

목표를 달성하기 위한 실천 항목들이에요.

| 일 수 | 1 | 2 | 3 | 4 | 5 | 6 | 7 | 8 | 9 | 10 | 11 | 12 | 13 | 14 | 15 | 16 | 17 | 18 | 19 | 20 | 21 | 22 | 23 | 24 | 25 | 26 | 27 | 28 | 29 | 30 | 31 | 32 | 33 |
|---|---|---|---|---|---|---|---|---|---|---|---|---|---|---|---|---|---|---|---|---|---|---|---|---|---|---|---|---|---|---|---|---|---|
| 10월 5일~ | 5 | 6 | 7 | 8 | 9 | 10 | 11 | 12 | 13 | 14 | 15 | 16 | 17 | 18 | 19 | 20 | 21 | 22 | 23 | 24 | 25 | 26 | 27 | 28 | 29 | 30 | 31 | 1 | 2 | 3 | 4 | 5 | 6 |
| 단어암기 5개 | ○ | ○ | ○ |  | X | X | ○ | ○ | ○ | ○ | ○ | ○ | ○ | X | ○ | ○ | | | | | | | | | | | | | | | | | |
| 숙어암기 3개 | ○ | ○ | ○ | ○ | X | X | ○ | ○ | ○ | ○ | ○ | ○ | ○ | X | ○ | ○ | | | | | | | | | | | | | | | | | |
| 문법하기 1개 | ○ | ○ | ○ | X | X | ○ | ○ | ○ | ○ | ○ | ○ | ○ | ○ | X | ○ | ○ | | | | | | | | | | | | | | | | | |
| Reading 10개 | ○ | ○ | X | X | ○ | ○ | X | ○ | ○ | ○ | ○ | ○ | ○ | X | ○ | ○ | | | | | | | | | | | | | | | | | |
| Listening 10개 | ○ | ○ | X | X | ○ | ○ | X | ○ | ○ | ○ | ○ | ○ | ○ | X | ○ | ○ | | | | | | | | | | | | | | | | | |
| 건강-바르기 | X | X | X | X | ○ | ○ | X | ○ | ○ | ○ | ○ | ○ | ○ | X | ○ | ○ | | | | | | | | | | | | | | | | | |

# 33일 목표달성 기록표

목표:

| 일수 | 1 | 2 | 3 | 4 | 5 | 6 | 7 | 8 | 9 | 10 | 11 | 12 | 13 | 14 | 15 | 16 | 17 | 18 | 19 | 20 | 21 | 22 | 23 | 24 | 25 | 26 | 27 | 28 | 29 | 30 | 31 | 32 | 33 |
|---|---|---|---|---|---|---|---|---|---|---|---|---|---|---|---|---|---|---|---|---|---|---|---|---|---|---|---|---|---|---|---|---|---|
| 월일 |  |  |  |  |  |  |  |  |  |  |  |  |  |  |  |  |  |  |  |  |  |  |  |  |  |  |  |  |  |  |  |  |  |
|  |  |  |  |  |  |  |  |  |  |  |  |  |  |  |  |  |  |  |  |  |  |  |  |  |  |  |  |  |  |  |  |  |  |  |
|  |  |  |  |  |  |  |  |  |  |  |  |  |  |  |  |  |  |  |  |  |  |  |  |  |  |  |  |  |  |  |  |  |  |  |
|  |  |  |  |  |  |  |  |  |  |  |  |  |  |  |  |  |  |  |  |  |  |  |  |  |  |  |  |  |  |  |  |  |  |  |
|  |  |  |  |  |  |  |  |  |  |  |  |  |  |  |  |  |  |  |  |  |  |  |  |  |  |  |  |  |  |  |  |  |  |  |
|  |  |  |  |  |  |  |  |  |  |  |  |  |  |  |  |  |  |  |  |  |  |  |  |  |  |  |  |  |  |  |  |  |  |  |
|  |  |  |  |  |  |  |  |  |  |  |  |  |  |  |  |  |  |  |  |  |  |  |  |  |  |  |  |  |  |  |  |  |  |  |
|  |  |  |  |  |  |  |  |  |  |  |  |  |  |  |  |  |  |  |  |  |  |  |  |  |  |  |  |  |  |  |  |  |  |  |

# 당면문제 해결방안 진행상황 기록표

| 당면문제 | 원인 | 해결방안 | 진행상황 |
|---|---|---|---|
| 기관에서가 출범이 인정받기가 및 하는 것 같다. - 그냥 인정받는 사원이 되고 싶다. | 1. 사장과가 개인기가 친분이 없어 하다. 2. 동료들과 교류가 부족하다. 3. 예약신청이 너무 부족하다. | 1. 사장가 출범하는 당구치기. 2. 개의기를 연습하에서 개미 있는 사람으로 인정받자. 3. 동료들과 깊이 가까, 술 사 등을 가입하자. 4. 대화에 동참하자~ 스포츠 5. 회사의 기업시작이 도움 되는 아이디어를 찾아서 | 1. 당구 연습 중. 2. 개그 프로그램 보면서 연습 중. 3. 동료들과 회식자리 몇 차례 하면서 노력 중. 4. 스포츠 사항을 따라. 5. 신제품들이기에 주력을 가하는 중. |
| 여전히 당면문제가 무엇인지 자세하게 적어보아요. 1. 2. 3. | 문제에 대한 원인을 자세하게 적어보아요. 1. 2. 3. | 원인에 대한 해결방안을 자세하게 적어보아요. 1. 2. 3. | 해결방안을 실천하면서 진행상황을 적어봅니다. 1. 2. 3. |

# 당면문제 해결방안 진행상황 기록표

| 당면문제 | 원인 | 해결방안 | 진행상황 |
|---|---|---|---|
|  |  |  |  |
|  |  |  |  |
|  |  |  |  |

## 연간 목표달성 기록표

설정한 목표를 적어요.

**목표:** 영어(토익)성적 향상(목표 200점)

| 차례 | 월별 | 실천계획 | 달성실적 |
|---|---|---|---|
| 1 | 9월 | 단어, 숙어 암기 | 암기상태 양호 |
| 2 | 10월 | 단어, 숙어 암기 | 암기상태 양호 |
| 3 | 11월 | 토익 강좌(인터넷) 수강 | 인터넷 수강 양호 |
| 4 | 12월 | 토익 강좌(인터넷) 수강 | |
| 5 | 1월 | 토익 강좌(인터넷) 수강 | |
| 6 | 2월 | 학원 수강 및 시험 | |
| 7 | 3월 | 학원 수강 및 점검 | |
| 8 | 4월 | 학원 수강 및 시험 | |
| 9 | 5월 | 인터넷 수강 및 시험 | |
| 10 | 6월 | 인터넷 수강 및 시험 | |
| 11 | 7월 | | |
| 12 | 8월 | | |

시작 월을 적어요.

매달 실천하면서 달성실적을 솔직하게 기록해봅니다.

월 단위로 실천하려는 계획을 작성하여 적어봅니다.

# 연간 목표달성 기록표

**목표:**

| 차 례 | 월 별 | 실천계획 | 달성실적 |
|---|---|---|---|
| 1 | 월 | | |
| 2 | 월 | | |
| 3 | 월 | | |
| 4 | 월 | | |
| 5 | 월 | | |
| 6 | 월 | | |
| 7 | 월 | | |
| 8 | 월 | | |
| 9 | 월 | | |
| 10 | 월 | | |
| 11 | 월 | | |
| 12 | 월 | | |

## 나의 현재 재산 목록

| 지적재산 | 물적재산 |
|---|---|
| 전기기사 자격증 | 자동차, 스마트폰, 자전거 |
| 소방설비기사 자격증 | 세탁기, 냉장고, 침대 |
| 심폐소생술 일반과정 수료증 | |

현재 가지고 있는 지적재산을 항목별로 구분하여 기록합니다.

현재 가지고 있는 물적재산을 항목별로 구분하여 기록합니다.

## 나의 미래 재산 목록

| 지적재산 | 물적재산 |
|---|---|
| 자동차정비기사 자격증 | 집, 과수원 |
| 제빵기능사 자격증 | 오피스텔 |
| | |

미래에 가지고 싶은 지적 재산을 항목별로 구분하여 기록합니다.

미래에 가지고 싶은 물적 재산을 항목별로 구분하여 기록합니다.

## 나의 현재 재산 목록

| 지적재산 | 물적재산 |
|---|---|
|  |  |
|  |  |
|  |  |
|  |  |

## 나의 미래 재산 목록

| 지적재산 | 물적재산 |
|---|---|
|  |  |
|  |  |
|  |  |
|  |  |